Relações Internacionais e Mídia

Blucher

Silvia Garcia Nogueira
Túlio Sérgio Henriques Ferreira

Relações Internacionais e Mídia

Série **Relações Internacionais**

Coordenador Prof. Agripa Faria Alexandre
Universidade Federal de Santa Catarina (UFSC)

Relações Internacionais e Mídia

Editora Edgard Blücher Ltda.

***Série* Relações Internacionais**
Coordenador da série Agripa Faria Alexandre
Publisher Edgard Blücher
Editor Eduardo Blücher
Coordenador editorial Rafael Fulanetti
Coordenadora de produção Ana Cristina Garcia
Produção editorial Walys Oliveira e Andressa Lira
Preparação de texto Samira Awadallah Panini
Diagramação Plinio Ricca
Revisão de texto Regiane da Silva Miyashiro
Capa Laércio Flenic
Imagem da capa iStockphoto

Blucher

Rua Pedroso Alvarenga, 1245, 4° andar
04531-934 – São Paulo – SP – Brasil
Tel 55 11 3078-5366
contato@blucher.com.br
www.blucher.com.br

Segundo Novo Acordo Ortográfico, conforme 6. ed. do *Vocabulário Ortográfico da Língua Portuguesa*, Academia Brasileira de Letras, julho de 2021.

Dados Internacionais de Catalogação na Publicação (CIP)
Angélica Ilacqua CRB-8/7057

Nogueira, Silvia Garcia
Relações internacionais e mídia / Silvia Garcia Nogueira, Túlio Sérgio Henriques Ferreira. – São Paulo : Blucher, 2025.
94 p. (Série Relações Internacionais / coord. Agripa Faria Alexandre)

Bibliografia
ISBN 978-85-212-2575-1 (impresso)

1. Relações internacionais 2. Comunicação em massa I. Título II. Ferreira, Túlio Sérgio Henriques III. Alexandre, Agripa Faria IV. Série

25-0324 CDD 327

Índices para catálogo sistemático:
1. Relações internacionais

Para Yasmin, César, Mirian
*e Heitor (*in memoriam*), com amor.*

Para Joaquim e Raquel, vida.

Sobre os autores

SILVIA GARCIA NOGUEIRA é professora associada do Bacharelado em Relações Internacionais e do Programa de Pós-graduação em Relações Internacionais da Universidade Estadual da Paraíba. Graduada em Jornalismo pela Pontifícia Universidade Católica do Rio de Janeiro, Mestra e Doutora em Antropologia pelo Museu Nacional/Universidade Federal do Rio de Janeiro. Pós-doutorado no ICS/Universidade de Lisboa, no CIDTFF/Universidade de Aveiro e no PPGEST/Universidade Federal Fluminense. Pesquisadora do Grupo de Estudos e Pesquisas em Mídia e Opinião Pública nas Relações Internacionais (Mopri).

TÚLIO SÉRGIO HENRIQUES FERREIRA é professor associado do Departamento de Relações Internacionais e do Programa de Pós-graduação em Ciência Política e Relações Internacionais da Universidade Federal da Paraíba. Graduado em Jornalismo pela Pontifícia Universidade Católica de Minas Gerais e em História pela Universidade Federal de Minas Gerais. Especialista, Mestre e Doutor em Relações Internacionais pela Universidade de Brasília. *Visiting Scholar no Watson Institute – Brazil Initiative, Brown University*. Pesquisador do Grupo de Estudos e Pesquisas em Mídia e Opinião Pública nas Relações Internacionais (Mopri).

Conteúdo

Introdução

"Quem não se comunica, se trumbica". A frase repetida inúmeras vezes pelo famoso comunicador brasileiro Chacrinha em seus programas de televisão, entre as décadas de 1960 e 1980, continua atual. Ela enfatiza a importância estratégica da comunicação na sociedade. No campo de estudos internacionais não é diferente. Políticos e pesquisadores têm se perguntado pelo papel das distintas formas de comunicar no sistema mundial. Nessa direção, *As Relações Internacionais e a Mídia* descreve e analisa a interseção entre a comunicação global e as dinâmicas internacionais, observando suas influências mútuas. Por intermédio de uma breve retrospectiva histórica sobre a evolução dos processos comunicacionais, dos primórdios até as tecnologias modernas, ilustra-se sua importância na contemporaneidade. Tais tecnologias são marcadas pelo complexo processo de inter-relação entre mídia, opinião pública e formuladores da política externa dos países. Teóricos e suas teorias são apresentados para entendermos a maneira como as notícias e a informação são moldadas globalmente. As tendências recentes, como o impacto da pós-verdade e as transformações trazidas pelas tecnologias digitais, estão em foco. O Brasil também é inserido nesse cenário. Em resumo, este livro convida você a aproximar-se desse assunto do momento. Entender um pouco das complexas interações entre as relações internacionais e a comunicação contribui para uma visão crítica e contextualizada do cenário contemporâneo global.

Capítulo 1

Para iniciar nossa conversa

Você, nas primeiras horas do dia, consulta alguma rede social ou página de notícias na internet. Pode, também, ligar a televisão ou o rádio para saber das novidades. Assim, vai se conectando com amigos, conhecidos e com o mundo. Saiba: você não está só. Inúmeras pessoas fazem o mesmo todos os dias. A sociedade passou por verdadeira revolução-transformação nos meios de comunicação. Estamos presos nessa teia, uma literal rede de comunicação que nos alcança de muitas e diversas maneiras. Dos mais ricos países e pessoas às mais remotas e precarizadas populações do globo, todos parecem estar sob algum impacto das formas de trocar informações existentes no mundo. Isso porque as nossas interações sociais no tempo presente sofrem influências diversas da mídia, seja como fonte de informação ou como ferramenta para expressar nossos pontos de vista sobre algum assunto.

Não à toa, diz-se que vivemos na *era da informação*, na qual os processos de comunicação exercem intensa capacidade de influência sobre públicos diversos (Castells, 2019). Debord fala até em uma *sociedade do espetáculo* (Debord, 1997), na qual o que não é visível – ou supervisibilizado – parece não existir. No dia a dia, percebemos isso na dinâmica da nossa vida pessoal. Mas, se pensarmos em nível mais amplo, esse processo atinge agentes políticos, países, regiões e continentes que interagem em âmbito mundial. Assim, seja na dimensão local ou global, o crescente avanço da velocidade de produção, difusão e consumo de conteúdos afetou profundamente o modo de nos relacionarmos uns com os outros.

Você pode estar se perguntando: "Nem sempre foi assim?"

Não!

Houve um tempo em que os meios de comunicação social eram menos instantâneos e acessíveis. O que ocorreu foi que o sistema internacional, ao se iniciar o século XXI, foi marcado por modificações significativas nas tecnologias da informação. A sociedade internacional passou a apresentar *interdependência global* inédita. As relações entre economia, sociedade e política produziram novas tecnologias da informação enquanto eram e são transformadas pelas mesmas. Os atores públicos e decisores passaram a dar maior importância à mídia, deixando para trás a antiga consideração de que as políticas internacional e externa seriam algo fora do alcance das "pessoas comuns". Eleva-se a importância da produção, transmissão e aquisição da informação em todas as porções da atividade humana. Estava clara a centralidade dos meios de comunicação como variável nas análises das ciências sociais e, consequentemente, a necessidade de novas pesquisas sobre a inter-relação entre os meios de comunicação, a opinião pública e a política internacional.

AS RELAÇÕES INTERNACIONAIS E AS *RELAÇÕES INTERNACIONAIS*

As relações internacionais existem independentemente de nossa reflexão sobre elas. Todos os eventos humanos que acontecem entre os Estados ou entre indivíduos de diferentes nações poderiam ser chamados de relações internacionais, em minúsculas, pois se referem às relações propriamente ditas. Quando pensamos sobre tais interações de modo metódico e criamos teorias para explicar alguns porquês de tais interações, criamos um campo de estudos ao qual chamamos de Relações Internacionais, com maiúsculas. De certa forma, a base das RIs – apelido que costumamos dar – é semelhante à base de todas as ciências sociais. Ou seja, compreender como os seres humanos percebem e reagem ao mundo ao seu redor, assim como eles moldam e são moldados pelo mundo.

Os Estados são o elemento fundamental nas Relações Internacionais, mas também podemos pensar em outros atores que compõem tais relações. No entanto, os Estados são abstrações que não agem por si. Isto é, as decisões e as ações são feitas por indivíduos, isolados ou em grupos, que buscam seus interesses coletivos ou individuais. Nessa complexa discussão, a comunicação entre os atores torna-se fundamental. Por isso, deixar os meios de comunicação de fora dessa conversa seria um erro.

"QUEM NÃO SE COMUNICA, SE TRUMBICA"?[1]

A frase que iniciou o Resumo deste livro, repetida inúmeras vezes pelo famoso comunicador brasileiro Chacrinha, continua atual. Ela enfatiza a importância estratégica da comunicação na sociedade. No campo de estudos internacionais não é diferente. Políticos e pesquisadores têm se perguntado pelo papel das distintas formas de comunicar no sistema mundial. Isso porque a comunicação faz parte da vida social, na contemporaneidade e em tempos passados. Assim, ter o poder de comunicar é parte essencial das relações internacionais, pois os atores com maior capacidade de expressar suas vontades e valores adquirem grande vantagem no jogo político e econômico entre as nações.

A comunicação social é a seiva do processo civilizatório da humanidade. Ou "os nervos dos governos" como considerou Karl Deutsch, famoso cientista político dos EUA. O interesse por ela remonta à antiguidade, com a valorização

---

1 Calma, se você nunca ouviu essa frase estranha, não se desespere. Vamos explicar. Para começar, "trumbica" quer dizer "se dar mal". Depois, procure por este nome: Chacrinha. Engraçado, não é? Esse era o apelido de José Abelardo Barbosa de Medeiros, um renomado comunicador de rádio e televisão no Brasil que se destacou como apresentador de programas de auditório extremamente populares entre as décadas de 1950 e 1980. Ele usava muito essa frase para enfatizar a fundamental importância da comunicação em todas as atividades humanas.

da retórica[2] na Grécia e na Roma antigas. Nesses remotos tempos já se estudava a arte de se comunicar oralmente e por escrito. Autores como Aristóteles foram fundamentais na teoria da retórica. Mas não vamos recuar tanto.

SABE A ÚLTIMA DO GUTENBERG?

O período de transição entre a Europa Medieval (476 d.c.-1453 d.c) e Moderna (1453-1789), foi palco das ações de Johannes Gutenberg. Nascido na cidade de Mainz (hoje Alemanha), por volta de 1400, ele contribuiu para revolucionar as comunicações ao inventar os tipos móveis de metal para a prensa gráfica, introduzindo essa revolucionária tecnologia na Europa. A novidade transformou a disseminação de informações, tornando mais fácil o acesso ao conhecimento. A impressão já era realizada principalmente na China e no Japão, fazendo uso de blocos de madeira entalhados, mas o novo método permitiu a rápida disseminação de ideias. Mais de 250 máquinas de impressão foram instaladas em toda a Europa até 1500, resultando em cerca de 13 milhões de livros circulando no continente. Gutenberg desempenhou um papel central na revolução da co-

---

2 A retórica, grosso modo, significa a arte do bem falar. Para maiores detalhes, ver: https://mundoeducacao.uol.com.br/filosofia/retorica.htm

municação, tornando-a mais acessível e contribuindo para o avanço da educação, da cultura e da ciência na Europa.

Mas a influência de Gutenberg não se limitou apenas ao seu tempo. Sua invenção e a conjuntura da época estabeleceram as bases para a disseminação, no futuro, de informações em todas as formas de mídia, desde jornais e revistas até a era digital. Gutenberg é reconhecido como um dos pioneiros que ajudou a moldar o curso da história da comunicação e do conhecimento, deixando um legado duradouro que continua a impactar nossa sociedade globalmente conectada.

A COMUNICAÇÃO SEM WI-FI

A comunicação escrita e o letramento do público[3] em geral têm papel fundamental, especialmente em contextos políticos e sociais turbulentos. Durante períodos de agitação, como a Guerra dos Camponeses na Alemanha em 1525 e o início da Revolução Francesa,[4] as queixas e as reivindicações

3 Letramento, de modo geral, significa saber ler e escrever. Porém, podemos avançar esse conceito. Veja https://senallp.furg.br/index.php/anais/37-a-importancia-do-letramento-comopratica-social-susana-lucas-tavares-unipampa

4 Há bastante literatura sobre essa década revolucionária ocorrida na França entre 1789 e 1799, com derivações em diversos locais do mundo. Esse ciclo foi um dos responsáveis por impor alguns limites à aristocracia e pelo término

eram frequentemente registradas por escrito. Essas petições, posteriormente, passaram a ter milhares de signatários. Isso demonstra a importância da linguagem e da comunicação escrita como meios de expressão e registro histórico, evidenciando que uma história completa da comunicação não pode negligenciar os meios linguísticos pelos quais a comunicação ocorria. O fato é que as transformações técnicas contribuem para as transformações políticas.

Podemos considerar que a Revolução Industrial e a da comunicação são elementos interligados de um mesmo processo. A revolução no setor de transporte também iria desempenhar um papel fundamental, amplificando a velocidade do mundo. A progressão tecnológica incluiu inovações no campo da comunicação, como o telégrafo, o telefone e o rádio. Karl Marx, em seus diários *Gründrisse*, escritos em meados da década de 1840, cita os telégrafos elétricos. Na visão desse importante filósofo prussiano, tal invenção seria fundamental para o nascimento do que hoje chamamos "mídia". Nessa conjuntura dos séculos XVIII e XIX, e em sincronia com seus avanços técnicos e tecnológicos, o mundo viu

---

do Antigo Regime. Para maiores e mais profundas informações, indicamos *A revolução francesa, 1789-1799*, de Michel Vovelle, Editora Unesp, 2020.

surgir conceitos, como *opinião pública* e o interesse em compreender as *massas*.[5]

Os jornais desempenharam um papel crucial na formação da consciência nacional. A retórica continuou a ser valorizada nessa época. Ao chegarmos no século XX, o estudo da propaganda[6] ganhou destaque, pois era vista como uma ferramenta importante de comunicação em tempos de conflito. Autores, como o antropólogo Claude Lévi-Strauss e o sociólogo Niklas Luhmann, expandiram o conceito de *comunicação*, relacionando-o a trocas de mercadorias e pessoas (por meio de casamentos, por exemplo), poder, dinheiro e amor. Isso levou à pergunta: o que no mundo não é comunicação?

O advento do rádio no final do século XIX e o surgimento da televisão na década de 1950 atraíram o interesse pela comunicação oral e visual. Esse período marca o apare-

---

5 Para um aprofundamento do conceito de opinião pública, sugerimos ver um debate que ficou conhecido como *Lippmann-Dewey* (Silva, 2016) em que Walter Lippmann e John Dewey definem de modos distintos o que entendem por público, opinião pública e o papel político que ela exerce (Lippmann, 2008, 2011; Dewey, 1922, 1925, 1954). Sobre o conceito de massa relacionada aos meios de comunicação, ler *Cultura de massas no Século XX – Neurose e necrose*, de Edgar Morin (2018).

6 Para entender um pouco mais sobre o conceito de propaganda, indicamos *O século do ego – The century of the self*, por Adam Curtis, que você pode encontrar no YouTube.

cimento de novas teorias relativas à mídia. Disciplinas como economia, história, literatura, arte, ciência política, psicologia, sociologia e antropologia começaram a estudar os meios de comunicação de massa. Nessas áreas de conhecimento, alguns autores buscaram entender esse novo fenômeno social: Harold Innis e seu *Viés das comunicações*, Marshall McLuhan e a *aldeia global*, Jack Goody e a *Domesticação da mente selvagem*, e Jürgen Habermas e a *esfera pública* para o discurso público e debate de ideias. Fica claro que a história da comunicação passou por várias fases, desde a valorização da retórica da antiguidade até o surgimento de teorias interdisciplinares da mídia na era da televisão.[7]

O contínuo desenvolvimento de dispositivos de comunicação exponencializados nessa conjuntura fez aparecer, dentre outras novidades, o transistor, peça chave para a revolução da mídia no século XX. A velocidade das ferrovias e dos navios a vapor fizeram surgir novas formas de transporte de informações. O fluxo das viagens humanas e das cartas é acelerado. O papel dos correios ganha protagonismo. Telégrafos e telefones viriam logo a seguir, potencializando a tecnologia de transmis-

7 Burke; tradução Maria Carmelita Pádua Dias; revisão técnica Paulo Vaz; 2. ed. rev. e ampl. Rio de Janeiro: Jorge Zahar Ed. (2006).

são sem fio. O rádio possibilitou aplicação prática dessa tecnologia em áreas remotas, como em regiões oceânicas ou em locais com baixa densidade populacional. Logo se percebeu que o rádio era uma tecnologia que vinha para ficar e que despertava cada vez mais interesse em diferentes parcelas da população dos países, por motivos os mais diversos, dos econômicos aos sentimentais, dos políticos aos culturais.

O cinema e a televisão não tardaram a chegar, alavancados pelos desenvolvimentos tecnológicos e pelas suas potencialidades inimaginadas, afetando os entendimentos coletivos sobre o mundo a partir do que iam transmitindo. O fenômeno de evolução das comunicações de massa passou a ser descrito em termos de *Eras*:[8] a *Era da Imprensa*, a *Era do Rádio*, a *Era do Cinema* e a *Era da Televisão*. Até Wood Allen (cineasta e escritor estadunidense com um senso de humor peculiar) usou essa inspiração em um de seus filmes, a *Era do Rádio*. Essa história das

8 O uso do termo *Era* dá-se no sentido de localizar no tempo as manifestações das tecnologias da comunicação. Assim, de modo esquemático, a *Era da Imprensa* estaria mais localizada entre os séculos XVIII e XIX, a *Era do Rádio* entre XIX e XX e a *Era da Televisão*, no século XX. Mas devemos levar em conta que esses meios seriam impactados e mesclados pelas tecnologias multimídias.

transformações tecnológicas permitiu a fusão dos diferentes meios de se comunicar. Possibilitou a união entre mensagens verbais e não verbais, visuais e musicais. A comunicação entrava em sua fase multimídia.[9]

Todo esse processo de desenvolvimento tecnológico da informação deve ser geográfica e historicamente inserido em suas dimensões cultural, social, econômica e política. Assim, poderemos analisar seus impactos nas interações dos povos, nações e Estados. Em suma, as Relações Internacionais.

ENQUANTO ISSO, NAS RIs E NAS *RIs*...

Poderíamos começar a contar a história das Relações Internacionais recuando a um tempo muito distante. Mas não vamos fazer isso. Usaremos o século XIX como ponto de partida, pois podemos considerar que esse século foi decisivo para o nascimento do mundo contemporâneo das RIs. Fatos marcantes ocorreram nesse período. O Congresso de Viena (1815) foi um deles. Suas decisões moldaram uma nova ordem internacional após as guerras napoleô-

---

9 O conceito de multimídia origina-se da língua inglesa e diz respeito à utilização de diversos meios simultaneamente na transmissão de informações. Dessa forma, uma exposição multimídia pode incorporar elementos, como fotografias, vídeos, áudios e texto.

nicas (1803-1815). A transição que ocorreu nesse período coincidiu com o crescente poder econômico e político da Europa. Além disso, o *Concerto Europeu* estabelecido nesse contexto criou regras e condutas que se estenderiam ao mundo inteiro.

A Expansão Global (1870-1880) marcou o final do século XIX, com a criação do Império Alemão, a ascensão dos EUA, o retorno ao protecionismo, o aumento da competição internacional, a revitalização dos fatores de dominação e a corrida neocolonial. Esses eventos acabaram por conformar uma conjuntura essencial para a compreensão do mundo do século XX. Nesse sentido, podemos considerar que a formação da Sociedade Internacional Europeia no século XIX significou a tentativa de expansão da Europa e seus valores para todo o globo, formando uma rede de interações baseada em um elemento cultural comum. Conformou-se, então, uma *sociedade internacional europeia*, com forte ancoragem na Revolução Industrial. Esta desempenhou um papel crucial na moldagem das relações internacionais e em implicações diretas da economia política do capitalismo.

O século XIX também foi marcado por forças econômicas, políticas, espirituais e psicológicas que influenciaram o desenvolvimento das sociedades e contribuíram para momentos de paz e conflito no século seguinte. Nesse período das relações internacionais ocorreu a expansão ocidental. Nesse contexto, a Grã-Bretanha exerceu um papel significativo no controle do modo de inserção internacional de outros países, como o Brasil. Por isso, o século XIX é visto como um período crucial nas relações internacionais, com eventos e dinâmicas que tiveram um impacto profundo nas configurações geopolíticas e econômicas do mundo contemporâneo.

No século XX, observamos o apogeu e as crises dessa ordem europeia. De modo esquemático, podemos apontar momentos simbólicos desse processo. A Primeira Guerra Mundial (1914-1918) foi um marco na emergência da Alemanha como um fator de perturbação na ordem europeia e nas tensões globais devido à ascensão do nazifascismo. O período entre guerras foi marcado pela instabilidade, destacando-se a falha na regulamentação da paz após a Primeira Guerra Mundial e o surgimento de novas potências, como a União Soviética, o Japão e os Estados Unidos.

A Segunda Guerra Mundial (1939-1945) e o Pós-guerra gestam nova ordem internacional, batizada de Bipolar (com dois polos principais), na qual observa-se a ascensão da novidade das superpotências. Uma a oeste, os Estados Unidos, e outra a leste, a União Soviética. Passamos a viver uma chamada *Guerra Fria*, um período histórico que não foi uma ordem em si mesma, mas parte de um ordenamento maior que, ao chegar na década de 1980, evoluiu com o colapso da União Soviética e o surgimento de novos desafios.

Nessa conjuntura, temos a tão falada *globalização*[10] que apresenta descompasso entre a evolução da economia política global e a formação de sistemas políticos internacionais. Notamos mudanças paradigmáticas nas relações internacionais, observando-se a busca por uma nova ordem econômica internacional, a mobilização social por uma vida internacional mais equilibrada e a discussão em torno da possibilidade da constituição de uma cidadania universal e solidária.

UMA PITADA DE TEORIA

Todo esse processo foi acompanhado por reflexões de estudiosos e teóricos da comunicação e das Relações Internacionais em diferentes partes do planeta. Podemos perceber que as teorias são fruto da reflexão sobre os processos históricos vivenciados pela política internacional, que é marcada pelas diferenciadas capacidades de projeção de poder dos atores internacionais (sendo os Estados

10 Processo de integração econômica, cultural, social e financeira do mundo promovida, em grande parte, pelas novas tecnologias de comunicação e transporte.

um dos principais). Assim, as distintas teorias das Relações Internacionais e da comunicação devem ser vistas à luz das variadas situações de sua formulação intelectual.

No que toca às teorias das RIs, elas são muito valiosas para compreensão das dinâmicas das relações internacionais, mas devemos abordá-las com cautela, já que são influenciadas por interesses específicos e valores das sociedades que as desenvolvem. Como entendido pelo teórico crítico Robert Cox (1986), toda teoria é sempre para alguém e para algum propósito. Ao mesmo tempo que desempenham um papel significativo na formação do pensamento nacional e informam o processo decisório em questões internacionais, podem ser parciais e sem aplicação universal. Muitas teorias têm origens e perspectivas geográficas e culturais limitadas, o que as torna incapazes de oferecer uma explicação abrangente das relações internacionais como um todo.

Os países emergentes desafiam o poder das teorias tradicionais, especialmente aquelas que são influenciadas pela cultura do Ocidente. A ascensão desses países como contrapoderes globais exige uma reavaliação das teorias existentes, que muitas vezes são vistas como promovendo valores e interesses ocidentais. Assim, deve-se ter cuidado com teorias que promovem a superioridade cultural do

Ocidente, como a teoria do *choque de civilizações* de Samuel Huntington. Pode-se argumentar que esses enfoques não são adequados para explicar as relações internacionais em um mundo cada vez mais diversificado. Além disso, a influência cultural do Ocidente nas teorias globais pode ser vista como uma forma de propaganda. Assim, podemos dizer que há um grande desafio para as teorias das Relações Internacionais refletirem a diversidade de interesses e valores no cenário internacional. O surgimento de países emergentes como contrapoderes e a crítica à influência cultural do Ocidente estão levando a uma reavaliação das teorias existentes e à busca de abordagens mais inclusivas e equitativas para entender as relações internacionais.[11]

Essas reflexões sobre as RIs contribuem para colocar em perspectiva o papel e a importância dos meios de comunicação. Assim, o percurso histórico das inovações tecnológicas deixa claro sua inserção na dinâmica de poder das RIs. Ainda, que tais transformações nas tecnologias fazem coexistir novos e velhos modelos. Nesse sentido, os usuários da internet são herdeiros da tradição da telegrafia. Perceber os impactos globais, regionais, nacionais e, até mesmo, pessoais dessa crescente possibilidade de interco-

---

11 Cervo, A. L. "Conceitos em Relações Internacionais". *Revista Brasileira de Política Internacional, v. 51, n. 2, pp.*, 8-25, 2008.

nexão utilizando-se dessas tecnologias de comunicação é o desafio dos teóricos e das teorias da comunicação. Esse assunto será detalhado no próximo capítulo.

Capítulo 2

Autores e teorias de mídia e RIs

O PAPEL DA MÍDIA NAS RIs

Qual o papel dos meios de comunicação no processo de formulação e implementação da política exterior dos países? O século XX foi palco de bons debates e interpretações que buscavam respostas para tal indagação. Entre as décadas de 1950 e 2010, a *mídia* assumiu crescente complexidade global, amplificando temáticas políticas, sociais e econômicas. As informações refletiam os díspares interesses dos Estados e, portanto, compunham e comunicavam interesses diplomáticos e de política externa do país.

Stephen G. Xydis (1956) foi um dos pioneiros em observar a dinâmica da relação mídia e governo durante o período da Guerra Fria (1947-1991),[1] momento da história

1 A Guerra Fria representou um confronto político-ideológico que transcorreu entre os Estados Unidos (EUA) e a União Soviética (URSS) de 1947 a 1991.

em que os meios de comunicação assumiram posição simbiótica com o governo. Os principais sistemas pertenciam aos Estados Unidos e à URSS. A imprensa estadunidense, que atuava em estrutura marcada pelo pluralismo político, propalava sua "liberdade de imprensa" expressa na Constituição e permitia concorrência entre empresas privadas em ambiente de economia capitalista. Por outro lado, a URSS impunha controle com base no poder político monista que proibia a iniciativa privada, utilizando a imprensa estatal como instrumento de propagação e defesa do partido e da ideologia do país. Claro que essas características de liberdade podem ser debatidas, na medida em que os poderes dos conglomerados de comunicação do mundo *liberal capitalista* também podem ser considerados atores interessados em manter algum grau de controle do processo de informação.

O processo de desenvolvimento dos meios de comunicação levou a criação de agências internacionais de notícias, responsáveis por coletar e distribuir as notícias em escala global. As principais do período foram a *Associated Press*, a *United Press* e o *International News Service* (EUA); a *Reuters* (Grã-Bretanha); e a *Tass* (URSS). Era comum essas

---

Esse embate entre as duas potências resultou na divisão do mundo em dois grandes blocos, um alinhado com o capitalismo e o outro com o comunismo.

agências nacionais de notícias, em grande parte financiadas pelo governo, selecionarem as informações que despertassem maior interesse na opinião pública. Nesse sentido, pode-se argumentar que a relação entre duas nações não ocorria apenas por meios diplomáticos oficiais, uma vez que os governos buscavam influenciar fazendo uso de propaganda e ações de comunicação na imprensa de outros Estados. De modo mais direto e explícito, os representantes oficiais de dado governo buscavam influenciar a opinião pública internacional por intermédio de correspondência com editores de jornais para expressar o posicionamento de seu país.

Em 1963, Bernard C. Cohen defendeu a necessidade de estudos sistemáticos acerca da relação entre mídia e governo. A correlação entre os sistemas políticos e a mídia é mais admitida do que propriamente investigada. Sabe-se que a triangulação entre mídia, política externa e opinião pública está assentada na troca de influências, mas há poucos estudos com bases empíricas que comprovem os efeitos da mídia sobre a política externa. Por natureza, a mídia assume o papel de informar a população acerca dos principais acontecimentos da política externa.

Durante a década de 1960, nos Estados Unidos, o veículo de notícias que alcançava maior extensão e profundidade nos temas de política externa era a mídia impressa. Nesse sentido, a mídia adquire uma função de elaboração de mapas políticos, fazendo uso de apontamentos que indiquem para a opinião pública as possíveis escolhas e alternativas da política externa. Quanto ao vínculo entre mídia e governo, a separação dos poderes levou ao distanciamento natural das administrações e ampliou os centros de decisão e controle nos Estados Unidos.

Em 1997, Abbas Malek e Krista E. Wiegand buscaram sistematizar os principais avanços teóricos acerca da relação entre mídia e política externa. Eles encontraram três principais caracterizações da mídia no processo político. De modo esquemático, pode-se considerar a mídia pelos diferentes enfoques teóricos: ora como um ator ativo, ora como neutro e ora como passivo. Agindo de modo mais ativo, a mídia ocupa uma posição de poder, visto que detém privilégios na obtenção de informações sobre os eventos protagonizados pelo governo. De forma passiva, a imprensa serve apenas para auxiliar as autoridades governamentais na implementação das políticas e na obtenção de legitimidade. Assim, a imprensa assume papel cooperativo com as elites políticas. A postura de neutralidade é amparada por aqueles que não compreendem as atitudes da mídia e do governo como produto de um comportamento manipulativo.

Aqueles que consideram a mídia passiva argumentam que o Poder Executivo consegue manipular as atividades da mídia, fazendo as agendas políticas serem protegidas e retratadas de modo positivo para o público. Esse uso da mídia é possível devido à relação que os tornam dependentes das informações provenientes do governo. Só assim a demanda da imprensa por temas envolvendo os assuntos públicos pode ser suprida. Por essa perspectiva, a mídia assume um papel dualístico, apresentando um mapa minimamente realista sobre o mundo e, ao mesmo tempo, sustentando os interesses das classes dominantes que controlam a mídia por intermédio das grandes corporações.[2] Assim, a mídia dominante concede suporte para as licenças, contratos e propagandas tão essenciais para a manutenção do *status quo* que envolve o governo e as elites.

Outro fator a ressaltar são os elementos ideológicos reverberados pela mídia. Sob condução do governo, irão reforçar o compromisso com o patriotismo e a ideia de nação. Sendo assim, o compartilhamento ideológico é mais um fator que auxilia na manutenção do *status quo*. Além disso,

---

2 Veremos em mais detalhes o modelo de propaganda de Herman e Chomsky (1988).

o governo consegue influenciar os métodos de divulgação de informações ou desinformações, realizando vazamentos seletivos e ocultando os fatos por intermédio de sigilo. A motivação que cerceia essas práticas é o forte temor — por parte do governo — de que a publicidade possa exercer, de forma desfavorável, impactos sobre a política externa.

A mídia pode ser concebida como ator ativo, sendo apelidada até mesmo de *Quarto Poder*. Mesmo que não almeje influenciar diretamente no processo, as autoridades formuladoras da política externa ainda dependem da imprensa para sondar e mensurar a opinião pública acerca das políticas. A mídia, então, representa um canal entre a opinião pública e os governantes. Além disso, assume a função de coordenador intragovernamental nas negociações internacionais, criando canais suplementares para a diplomacia.

No entanto, Mowlana (1996) admite que a relação entre a mídia e a política externa é multifacetada. Pode-se observar, entre outras, as seguintes dimensões: grupos de interesse; cultura da política externa; processo de tomada de decisão; segurança, paz e guerra; cultura e informação; e opinião pública e a tecnologia de comunicação. Nessa chave de entendimento, a tomada de decisão na política externa não recebe a influência direta da mídia, mas os seus impactos são notáveis nos grupos de interesses e no

Congresso. O governo, por sua vez, utiliza a mídia para definir a agenda política, dando o tom das notícias e priorizando os temas importantes para a cristalização da opinião pública em seu favor. As tecnologias de comunicação adquiriram novos patamares com a informática e o uso de satélites de comunicação. Tais ferramentas foram essenciais para que a mídia pudesse exercer sua função de relatora das principais notícias para o mundo. Quando a conjuntura é de guerra, a relação entre a mídia e a política externa estreita-se, colocando em jogo fatores ideológicos e culturais. Evidências desse tipo podem ser encontradas na cobertura norte-americana da Guerra do Golfo (1990-1991).

A divulgação das informações decorre, em sua maior parte, da vontade dos governos em expandir seus valores e ambições. Por outro lado, "grupos de interesse" também canalizam suas causas fazendo uso da mídia. Muitos lobistas realizam aparições em rádio, televisão, mídia impressa e plataformas digitais para exercerem maior influência nas formulações de política externa. É preciso destacar que a mídia não dirige a política externa, mas contribui no seu processo decisório.

O debate teórico é rico e profícuo. São muitos os conceitos e as perspectivas que permitem indagar o papel dos meios de comunicação na sociedade e nos atos políticos nacionais e internacionais. Vejamos alguns deles.

AGENDA SETTING

Um dos primeiros livros a abordar o impacto da mídia na política externa foi escrito em 1963 por Bernard Cohen. Ele formulou um conceito fundamental: o *poder de agenda* da imprensa. O *agenda setting* seria a capacidade dos meios de comunicação de atribuir importância a eventos, destacando sua relevância e deixando outros na sombra. Assim, enfatiza-se o efeito persuasivo da mídia ao definir as prioridades e o enfoque das notícias. A ideia central era que a mídia pode, propositadamente, repetir uma notícia várias vezes até que ela se torne relevante e influencie a opinião pública. Deriva dessa lógica pensar que o conteúdo da mídia pode refletir as opiniões e os interesses dos líderes governamentais e das elites. Assim, o *poder de agenda* atrai a atenção de tomadores de decisão, que nem sempre correspondem às demandas da mídia.

FRAMING

O conceito de *framing* é desenvolvido por Robert Entman em 1993. Argumenta-se que a mídia influencia a opinião pública moldando a forma como os eventos são apresentados, não necessariamente seguindo as ordens das elites. Por esse entendimento, a mídia possui poder interpretativo significativo e busca moldar a interpretação das causas, a avaliação moral e/ou a recomendação de soluções para assuntos específicos. Nesse sentido, tenta "emoldurar" o enfoque da questão para os receptores da mensagem.

INDEXING

A *indexação* (*indexing*) decorre da percepção das abordagens que sustentam que os meios de comunicação, por estarem próximos dos centros decisórios e de poder, seguem as elites na formulação da agenda, na seleção das notícias e no tratamento da política externa, em vez de adotar posições mais diversificadas e independentes. Essa teoria proposta por Bennett (1990) argumenta que os meios de comunicação atuam de forma passiva ao adotar as narrativas e as mensagens das elites, amplificando e perpetuando tais perspectivas.

MODELO DE PROPAGANDA

Herman e Chomsky propõem o modelo de propaganda no famoso livro *Manufacturing consent: the political economy of the mass media*, publicado em 1988. Esse enfoque acredita que os meios de comunicação de massa servem aos interesses das elites dominantes ao utilizarem cinco filtros: propriedade dos meios, financiamento por publicidade, dependência de fontes privilegiadas de informação, resposta às críticas (*flak*) e ideologia anticomunista. Tais filtros criam uma cobertura midiática que limita a crítica ao *status quo*, à diversidade de opiniões e à ampla discussão.

O EFEITO CNN

O *Efeito CNN*[3] refere-se à informação instantânea e às demandas por respostas mais rápidas e eficazes. Com o advento da tecnologia e o ciclo de informação de 24 horas, a mídia transmite drama e imagens vividas, prendendo a atenção do consumidor da informação. Esse fenômeno pode ultrapassar o enquadramento exposto por meios oficiais governamentais. O *Efeito CNN* pode ser entendido, portanto, como a mídia de massa que influencia as notícias apresentadas e consumidas, especialmente em relação à cobertura de temas de política externa.

Nessa direção, a cobertura jornalística da crise humanitária da Somália no começo dos anos 1990 concedeu o embasamento para a formulação da teoria do *Efeito CNN*. O acontecimento em análise era a intervenção norte-americana no que ficou conhecido por Operação *Restore Hope*.

---

3 CNN é um canal de notícias fundado em 1980, nos Estados Unidos pelo empresário Ted Turner como um canal de notícias 24 horas.

Na ocasião, o país sofria com a fome e o caos da guerra civil, desfragmentando as capacidades do Estado. Nesse contexto, o diplomata estadunidense George F. Kennan afirmou que a intervenção estadunidense deveu-se ao direcionamento dado pela mídia, mais especificamente a televisão, ao sensibilizar a opinião pública para o caos da Somália, fazendo então com que os tomadores de decisão respondessem à crise (Miller, 2007). No entanto, Steven Livingston (1997) ressaltou que o exato impacto político da mídia é um assunto de intenso debate. Ele sugere que a relação entre a mídia e a política pode ser mais complexa do que o *Efeito CNN* sugere.

O EFEITO AL JAZEERA

O *Efeito Al Jazeera* (*The Al Jazeera Effect*) foi criado cerca de dez anos depois como teoria para se contrapor diretamente ao *Efeito CNN*. Assim como este faz referência ao tipo de cobertura jornalística realizada pela *Cable News Network* (CNN), o primeiro refere-se à rede do Catar, *Al Jazeera*. Mas como bem observado por Phillip Seib (2008), criador do conceito, em seu livro *The Al Jazeera Effect: how the new global media are reshaping world politics* (O Efeito Al Jazeera: como a nova mídia global está remodelando a política mundial, tradução livre), nem o *Efeito CNN* é só sobre a estadunidense CNN, nem o *Efeito Al Jazeera* é apenas sobre a rede catari Al Jazeera.

Ambos abrangem os usos dos novos meios de comunicação de massa como ferramentas presentes em todos os aspectos dos assuntos globais – de processos de democratização a terrorismo –, gerando ainda concepções como a de *estados virtuais*. Em comum, ainda, podemos dizer que foram teorias formuladas a partir da questão política relacionada à demanda de respostas rápidas pelos Estados em situações de conflito (de crise!) diante das manifestações instantâneas da opinião pública por intermédio de meios digitais.

Mas poderíamos perguntar: em que diferem? Principalmente na perspectiva adotada para a cobertura dos acontecimentos e das narrativas correspondentes. O primeiro caso em que o conceito foi aplicado foi o da Guerra do Iraque que se desenrolou entre 2003 e 2011. A *Al Jazeera* abordou o conflito de modo muito diferente do enfoque dado pela mídia ocidental (incluída a CNN). Na mesma direção que a rede multiestatal TeleSur em relação à América Latina – sediada na Venezuela e fundada em 2005, com o objetivo de fortalecer a integração na região e dar "*voz a los que no la tienen*" ("dar voz aos que não a tem", tradução livre) –, a proposta era narrar e analisar os acontecimentos a partir do Oriente Médio, como uma mídia independente.

Ao longo do tempo, ampliou seu poder de influência, que era significativo no mundo árabe e, principalmente quando começou a ser transmitida também em inglês, passou a ter alcance global, consagrando-se como relevante ator das relações internacionais no cenário mundial. Além disso, ao enfatizar a diversidade de olhares sobre os acontecimentos do mundo, combinada ao estímulo para que cidadãos comuns tivessem acesso às informações e às matérias da política internacional via internet, fortaleceu a tendência de participação da opinião pública em temas antes restritos aos formuladores da política externa, influenciando inclusive o processo de *agenda setting* e provocando a demanda por uma diplomacia em tempo real. Como disse Seib,

> a mídia pode ser ferramenta de conflito e instrumento de paz; pode fazer as fronteiras tradicionais irrelevantes e unificar povos espalhados pelo mundo. Esse fenômeno – o Efeito Al Jazeera – está remodelando o mundo (Seib, 2008, xii, tradução livre).

Esse histórico, certamente incompleto,[4] de autores, abordagens, teorias e conceitos demonstra o esforço em avaliar o peso das comunicações no jogo do poder político nacional e internacional. Um jogo, às vezes, perigoso, mas inevitável na história das nações.

4 Um bom artigo que faz um levantamento das diversas teorias sobre o tema é Baum; Potter, 2008.

Capítulo 3

Mídia e política: relações amorosas e/ou perigosas?

A mídia pode ser entendida como um conjunto de meios de comunicação de massa, como uma "indústria, um serviço público e uma instituição política", como bem lembra Claude-Jean Bertrand (1999, p. 9). Pode ser referida como um canal de transmissão de mensagens, um ator/agente com poder de influência sobre percepções de algum assunto, ou uma ferramenta estratégica para a difusão de discursos interessados. Por isso mesmo, não é mais possível pensar o campo político sem considerar os usos que os políticos fazem da mídia. Tampouco imaginar os meios de comunicação sem as fontes de informação políticas ou cobrindo temas de política. As interações entre os dois campos, no entanto, nem sempre se desenvolvem em um clima de colaboração mútua. A ocorrência de escândalos políticos amplamente noticiados e de situações que envolvem tentativa de manipulação de jornalistas com informações falsas são exemplos que tendem a tensionar a convivência entre os dois campos. De qualquer modo, um não vive sem o outro.

A mídia desempenha um papel crucial ao enquadrar as notícias de acordo com as demandas dos líderes e do público. Estes exercem influência significativa sobre o conteúdo midiático. A mídia, a opinião pública e as elites políticas, apesar de atores interdependentes, são também, em alguma medida, independentes. Cada uma com suas próprias preferências e incentivos, agindo de maneira análoga às forças de oferta e demanda em um mercado de informações. A despeito de ser relativamente consensual que ela é peça importante nesse processo de influências múltiplas, o grau dessa interferência é variável conforme as distintas conjunturas. A mídia é, então, um ator interessado que pode afetar o fluxo de informações que molda os resultados da política externa dos países.

E a diplomacia com isso? Ela é uma das ferramentas da política externa. Todo país precisa ser representado perante a sociedade e dentro do sistema internacional. Para isso, possui corpo de funcionários públicos específicos (os diplomatas) que o representam no diálogo político com os demais Estados Nacionais. Os diplomatas e outros representantes têm poder de realizar negociações políticas, econômicas, sociais e culturais, respeitando os interesses e estratégias nacionais, além de proteger e dar apoio aos cidadãos do país no exterior, entre outras ações. Cada país possui um Ministério das Relações Exteriores, ou equivalente, com um ministro que coordena todas as ações. No Brasil, temos o Itamaraty, nome da construção (Palácio do Itamaraty) em que o Ministério está abrigado.

De um modo crescente, o campo e o corpo diplomático passaram a dedicar cada vez mais atenção aos usos estratégicos da mídia e à interação com formadores de opinião pública em favor de seus objetivos políticos. Por sua vez, empresas de comunicação e jornalistas também podem intervir diretamente em algumas situações reais, como em uma negociação de paz em uma zona de conflito ou na transmissão em tempo real de uma situação de guerra. O público também passou a ter mais acesso a assuntos internacionais antes restritos aos tomadores de decisão e outros agentes políticos.

Os meios digitais contribuíram para a inserção da população em geral no debate amplo de determinadas questões, criando a necessidade de respostas políticas públicas e rápidas. Os governos e seus corpos diplomáticos, atentos a isso, buscaram administrar suas visibilidades na política internacional. Nessa *era da mídia*, Eytan Gilboa

(2001) identificou três modelos de diplomacia midiática (*media diplomacy*): *diplomacia pública*, *diplomacia na mídia* e *diplomacia feita pela mídia*. Ao lado dele, Philip Seib (2012) trouxe ainda o conceito de *diplomacia em tempo real* (*real time diplomacy*).

DIPLOMACIA PÚBLICA

O conceito de diplomacia pública relaciona-se à ideia de "uma comunicação direta com os povos estrangeiros, com o objetivo de afetar o seu pensamento e, em última instância, seus governos" (Burity, 2015, p. 85). De acordo com Gilboa (2001), um dos usos estratégicos do recurso às ações de diplomacia pública é construir percepções internacionais e imagens no exterior favoráveis a um Estado, governo ou país. O que se destaca nesse tipo de diplomacia é a capacidade de influência e mobilização de opinião pública mundial, afetando direta ou indiretamente a política externa de outros Estados. O modo como o Estado ou outro agente é visto pelos demais com quem se relaciona impacta sua reputação internacional e o modo como as relações entre eles são construídas. Nesse sentido, pode ser percebido como "amigo", com quem alianças podem ser desejáveis, ou "inimigo", representando uma ameaça.

DIPLOMACIA NA MÍDIA

A mídia pode servir como uma ferramenta ou uma mediadora no exercício diplomático. Por meio de entrevistas, coberturas de líderes mundiais e outros assuntos de interesse, que se tornam pautas jornalísticas (temas a serem explorados em uma reportagem), os Estados e outros agentes políticos da política externa buscam construir uma relação de confiança no exterior para dar termo a negociações com outros países. O método é a mobilização da opinião pública em torno do assunto e do acordo entre as partes. Esse modelo proposto por Gilboa (2001) corresponde à Diplomacia na Mídia.

DIPLOMACIA FEITA PELA MÍDIA

Se a mídia pode servir como instrumento para as negociações internacionais entre diferentes partes, por outro lado também pode desempenhar o papel de agente nas relações internacionais. Nesse caso, são os meios de comunicação em si que atuam diretamente como negociadores externos. De acordo com Gilboa (2001), é na Diplomacia feita pela Mídia que a "conversa" entre os lados ocorre, principalmente em um momento prévio às negociações formais em torno de um conflito, em que os jornalistas atuam como mediadores e negociadores. Para o autor, esse modelo de diplomacia midiática provoca como efeitos "iniciativa", "motivação", "ações" e "consequências". Os dois primeiros estão relacionados a quem iniciou o processo de negociação, impactando o enfoque do assunto e os objetivos que direcionam a cobertura. Alguns desses agentes são jornalistas independentes, jornalistas atrelados a interesses da política externa do país ou outros. As "ações" correspondem ao modo como jornalistas e a mídia como empresa interferem diretamente em uma negociação. Finalmente, os efeitos diplomáticos causados por essa interferência são as "consequências".

DIPLOMACIA EM TEMPO REAL

A instantaneidade da comunicação, a ampliação do acesso e da produção de informações pela população por intermédio dos canais digitais desafiaram o campo da comunicação diplomática internacional. Isso ficou muito evidente nos protestos e nos movimentos sociais que resultaram no que ficou conhecido como *Primavera Árabe*. A partir de 2011, uma onda de protestos contra ditaduras políticas, falta de liberdades e desrespeitos aos direitos humanos foi encabeçada por jovens tunisianos e egípcios, ao lado de outros do continente africano e do Oriente Médio. Esses eventos afetaram diretamente a comunidade internacional.

Os principais meios de mobilização e difusão do que estava acontecendo foram a internet e os distintos equipamentos digitais, entre eles o celular.

Os impactos mundiais dessas manifestações inauguraram a exigência de respostas quase imediatas dos corpos diplomáticos do mundo. Conforme destacado por Phillip Seib (2012), a questão que se colocou foi a incompatibilidade entre a velocidade da resposta pela diplomacia tradicional (lenta, calculada, estratégica e maturada) e o imediatismo exigido pelo desenrolar dos fatos.

Conforme o autor, esse período ficou conhecido como *Revolução do Facebook* (*the Facebook Revolution*) ou *Revolução do Twitter* (*the Twitter Revolution*), plataformas digitais/redes sociais de preferência dos manifestantes na ocasião. Levando-se em consideração as exigências da comunicação digital impostas ao meio diplomático, Seib (2012) formulou o conceito de Diplomacia em Tempo Real (*Real-Time Diplomacy*).

A COMUNICAÇÃO INTERNACIONAL

A comunicação internacional, global ou transnacional ocorre entre diferentes agentes, que buscam transmitir algo que ultrapasse suas fronteiras nacionais. Em geral, insere-se em uma dimensão estratégica, atrelada a objetivos políticos e interesses específicos do Estado. Longe de ser uniforme, esse tipo de comunicação é diversa em relação aos emissores e receptores das mensagens (quem?), aos meios utilizados (como?), aos recortes temporais (quando?), às informações difundidas (o que?), aos seus sentidos (por que?) e aos seus objetivos (para que?).

Quem comunica para quem?

Não existem relações internacionais se os agentes políticos não se comunicarem. As interações entre eles ocorrem por meio de diálogos oficiais ou extraoficiais de distintos Estados e governos. Nesse sentido, há comunicação entre diplomatas, jornalistas, lideranças de um país, entes subnacionais (estados federados, municípios etc.), sociedade civil (organizações cívicas, movimentos sociais, fundações, organizações não governamentais) e empresas.

Cabe dizer que quando falamos de Estado, pensamos em uma instituição social pública baseada em um sistema de organização política relativamente estável, permanente, impessoal e voltada para a proteção da sua população e das suas fronteiras territoriais. Já quando mencionamos governo, pressupomos que ele é formado por grupos com distintas ideologias e formas de administração, de tempos em tempos (nos regimes democráticos, a cada eleição).

Como?

A disseminação de informações e outros conteúdos estratégicos na comunicação internacional podem assumir formas e meios diversos. De modo recorrente – mas não exclusivo – assessorias de comunicação ou de imprensa dos Estados (incluindo os poderes executivo, legislativo e judiciário) e de seus setores (ministérios, secretarias etc.) são as principais responsáveis por essa função. Costumam produzir material oficial (publicações diversas, *press releases*, conteúdos para meios digitais, fotos etc.) para divulgação de si, de suas ações ou suas políticas.

A mobilização da opinião pública é essencial nesse sentido. Para isso, algumas das ações adotadas são a participação e/ou organização de eventos públicos nacionais e internacionais e a construção de um relacionamento com jornalistas e empresas de comunicação. Nessa direção, os governos costumam investir em programas voltados para formadores de opinião pública mundial (correspondentes, jornalistas autônomos, celebridades etc.). Outra medida pode ser a contratação de empresa especializada de relações públicas com atuação internacional para promover o país no exterior.

Quando?

A comunicação internacional pode ocorrer em diversas situações. Como uma prática cotidiana, em fluxo contínuo.

Afinal, a imagem ou uma percepção internacional tende a ser construída aos poucos e a partir de uma constância. Mas pode também ser promovida por meio de demandas específicas tanto, por um lado, de setores do governo, quanto, de outro, por formadores de opinião pública interessados em algum tema ou no posicionamento oficial estatal em relação a um assunto e/ou acontecimento. Além disso, os profissionais da comunicação de um Estado, governo ou setor público costumam ser muito solicitados quando há uma expectativa de resposta frente a alguma crise (questões de guerra ou conflito, segurança pública, economia, direitos humanos etc.).

O que?

Os assuntos e conteúdos da comunicação internacional são muito diversos. Podem ser temáticas de política exterior, política, economia, sociedade, cultura, meio ambiente, povos originários, entre outros. Os interesses e as estratégias traçadas pelos tomadores de decisão estatais definem o que eles desejam comunicar, ou seja, a mensagem a ser transmitida. Por sua vez, os formadores de opinião pública mundial podem demandar informações específicas e pontuais, a depender dos próprios interesses.

Por que e para que?

Mobilizar a opinião pública mundial a seu favor e influenciar o modo como se é visto no exterior impactam as condições políticas para negociações internacionais. Aqui reside a dimensão estratégica da comunicação global. Por intermédio dos usos eficazes dos canais com os distintos públicos – promovendo assuntos, instituições e pessoas de interesse –, busca-se controlar o processo comunicativo, da produção à recepção de conteúdos. Na sociedade do espetáculo e da informação, ser e estar visível são quase sinônimos de existir.

A administração da visibilidade é fundamental para se alcançar os efeitos desejados na construção de percepções e imagens externas. Preocupados com o risco de um escândalo envolvendo a si com consequências imprevisíveis, os governos têm realizado fortes investimentos no desenvolvimento de políticas e ações no campo da comunicação pública. Nesse sentido, todo agente internacional busca construir uma reputação e uma percepção positiva de si perante os outros. Ter uma imagem favorável é tão importante quanto pautar (direcionar) o debate público nacional e internacional sobre um determinado assunto. Ser 'visto' pela sociedade internacional é o que se almeja. Mas, isso basta? A resposta é: não. Ninguém quer aparecer mal na fotografia. Todos buscam os seus melhores ângulos para serem apresentados ao público, evitando chamar a atenção por algo ruim ou condenável. Aquela máxima de "falem mal, mas falem de mim", em geral, parece não funcionar no campo político e diplomático. Ser percebido positivamente pela opinião pública mundial e pelos tomadores de decisão dos distintos Estados fortalece a reputação internacional e cria um ambiente mais favorável à política externa de um país. Assim, o conjunto de ideias e percepções construído sobre quem é o "Outro" norteia as interações na política internacional, formando-se noções de amizade e inimizade.

Capítulo 4

O Brasil nessa história[5]

ERA UMA VEZ, UMA METRÓPOLE QUE PROIBIA LIVROS E JORNAIS EM SUAS COLÔNIAS

Durante o período colonial do Brasil (1500-1822), a imprensa caminhou a passos muito lentos. Enquanto o México e o Peru já tinham acesso a notícias em 1539 e 1583, respectivamente, a colônia portuguesa vivia nas trevas em termos de meios de comunicação e produção editorial. Livros eram praticamente proibidos pela metrópole lusitana, e a leitura não era uma atividade popular. No entanto, havia contrabando de livros, principalmente pelos filhos da elite colonial que foram estudar na Europa, ávidos por novos conhecimentos.

5 Grande parte desse histórico está baseado em Pieranti e Martins (2006) e Sodré (1966).

Com a vinda da Corte Portuguesa e a abertura dos portos brasileiros em 1808,[6] uma grande quantidade de material impresso, como jornais e panfletos, começou a entrar no país, aumentando o interesse pela leitura, mesmo que a maioria da população ainda fosse analfabeta. O surgimento de jornais, principalmente no Rio de Janeiro e em Recife, contribuiu para diminuir a ignorância, apesar de ser um processo lento e muitas vezes clandestino. Em 1808, a Coroa lançou a *Gazeta do Rio de Janeiro*, que servia como um jornal oficial para promover os interesses da realeza. Como se pode imaginar, os conteúdos dessa publicação estavam sob o olhar cuidadoso e de censura de seus criadores.

No mesmo ano, Hipólito da Costa funda o *Correio Braziliense*,[7] que passou a ser publicado em Londres, criticando abertamente a família real lusitana, incluindo Dom Pedro I. Ocorreram conflitos intensos entre os apoiadores e detratores do governo português, inclusive com confrontos físicos. Os benefícios financeiros da Coroa eram comuns àqueles que os apoiavam. Nesse clima, ocorreu a

---

6 Esse foi o ano em que a corte portuguesa foi transferida para o Brasil devido às turbulências napoleônicas na Europa.

7 Sugerimos o documentário *Preto no Branco, a censura antes da imprensa*, em https://www.youtube.com/watch?v=wq_XshBckmM, para uma boa ilustração do início da imprensa no Brasil e a trajetória de Hipólito da Costa.

expansão dos jornais no Brasil para as diferentes regiões. Antes de 1822, aqueles que buscavam a independência já defendiam a liberdade de expressão nos jornais, que era limitada pela Coroa portuguesa. Após a independência, apesar das tentativas de viabilizar uma imprensa livre, a relação dos meios de comunicação com a monarquia era complexa e conturbada. A maioria dos jornais da época estava mais alinhada com a elite. Buscava fortalecer os valores e interesses dos dirigentes políticos e econômicos.

Nos primeiros anos após a Independência do Brasil, foram criadas escolas de Direito no país. Elas se tornaram trampolins para a carreira jornalística. Em 1827, a censura finalmente foi abolida, permitindo que os jornais de oposição ganhassem espaço. Eles monitoravam de perto o governo e apoiavam ideias mais liberais, desempenhando um papel importante nas mudanças políticas. Em 1831, D. Pedro I abdicou. Durante esse período de incerteza política que antecedeu a escolha do novo líder, jornais que criticavam duramente o governo tornaram-se populares. Eles desafiavam os poderosos, embora isso fosse desaprovado pelas elites mais ligadas à Coroa.

A imprensa continuou a crescer e se espalhar por todo o Brasil, compartilhando notícias e destacando protestos e atividades de resistência. Isso marcou um engajamento político da imprensa além da simples divulgação de notícias, abordando questões como os direitos dos trabalhadores, o fim da escravidão e outras reformas.

Com a proclamação da República, em 1889, a relação entre os meios de comunicação e o governo não mudou significativamente. A imprensa estava cada vez mais ligada aos interesses políticos. A chegada do rádio, na década de 1920, e da televisão, na década de 1950, foram importantes marcos para a difusão de conteúdos para a sociedade brasileira. Atento ao potencial da comunicação, Getúlio Vargas (1930-1945 e 1951-1954) criou o Departamento de Imprensa e Propaganda (DIP) para monitorar, censurar e tentar controlar a opinião pública. No entanto, ele não conseguiu realizar totalmente esses propósitos. Em sua gestão do período "democrático" (1951-1954), foi alvo de intensas críticas por parte da mídia, cada vez mais associada aos distintos interesses políticos e comerciais do país. Novos desafios para a imprensa brasileira foram trazidos pela ditadura militar instaurada em 1964, com algumas empresas de comunicação críticas ao regime sendo perseguidas e outras, favoráveis, beneficiadas.

O Brasil passou por processo de abertura política, com o retorno dos civis ao poder em 1985. O país promulgou nova Constituição Federal em 1988 que, em seu inciso IX do artigo 5º, determina ser livre a expressão da atividade intelectual, artística, científica e de comunicação. A caminhada de redemocratização do país ainda impõe grandes desafios à comunicação social historicamente construída no Brasil. Entre eles, os monopólios familiares e a propriedade cruzada das empresas de comunicação, que contrariam o parágrafo 5º do artigo 220 do Capítulo V da Constituição.

Portanto, desde a vinda da Corte Portuguesa, com o surgimento dos primeiros jornais, até os desafios contemporâneos de democratização e confiabilidade da informação, os governos ambicionaram influenciar crescentemente a opinião pública no Brasil e no mundo. Nos períodos de regimes autoritários, principalmente por meio de controle e censura; nos democráticos, por meio de subsídios financeiros às empresas jornalísticas e adoção de estratégias comunicacionais voltadas para a aproximação com os públicos internos e externos ao país.

A COMUNICAÇÃO INTERNACIONAL DO BRASIL

A política estatal de comunicação social do Brasil até 2003 não possuía um planejamento específico, integrado e que levasse em consideração características particulares dos distintos segmentos da mídia. Segundo Nogueira e Burity (2015, p. 385),

> [...] não levava em consideração a complexidade e a heterogeneidade da imprensa brasileira, sem falar que a comunicação e interlocução com a imprensa internacional eram esporádicas, voltadas a pequenas demandas sem planejamento em longo prazo.

Por exemplo, não considerava diferenças entre veículos de imprensa estrangeiros e nacionais, das capitais e do interior, populares e elitistas, tradicionais e digitais.

Até então, a Secretaria de Comunicação da Presidência da República (Secom/PR) possuía ações restritas à coordenação do Sistema de Comunicação do Poder Executivo Federal (Sicom), com pouca autonomia em termos de investimentos em publicidade governamental. Essa Secretaria é a responsável pela comunicação oficial do governo federal e por atuar junto aos formadores de opinião pública nacionais e internacionais. Fornecer conteúdos de interesse governamental para divulgação na mídia e servir de fonte de informação para jornalistas são algumas ações da Secom/PR.

Foi durante os dois primeiros governos de Luiz Inácio Lula da Silva (2003-2006, 2007-2010) que ocorreu uma mudança significativa no modo como a comunicação pública e internacional passou a ser conduzida. Paralelamente, também foi perceptível uma expansão sensível da diplomacia pública no que se refere à relação do Ministério das Relações Exteriores (MRE) com a sociedade civil. Isso não se limitou à abordagem convencional de construir uma imagem positiva do Brasil no exterior. Abrangeu também a divulgação da política externa brasileira no âmbito nacional.

No segundo mandato do presidente Lula, o então ministro-chefe da Secretaria de Comunicação Social do governo, Franklin Martins (2010), empreendeu uma relevante mudança na política de comunicação governamental, como:

- Estabeleceu diretrizes para a integração da comunicação pública, voltada para o âmbito interno e para o externo.
- Passou a promover reuniões periódicas entre assessorias de comunicação dos ministérios, secretarias e outros órgãos estatais com a Secom. A intenção era afinar os discursos oficiais, evitando posicionamentos contraditórios frente a um determinado tema.
- Promoveu, regularmente, *media training* (capacitação para lidar com a imprensa) para os distintos representantes estatais, com o objetivo de treiná-los sobre como

lidar com os formadores de opinião pública, minimizando os riscos dos descontroles da visibilidade.

- Estreitou os laços entre o setor de comunicação pública doméstica e a Área Internacional (criada em 2005), ambos da Secom, e a Assessoria de Imprensa do Gabinete, do MRE.

Posteriormente, também foi criado um canal oficial do Ministério das Relações Exteriores no YouTube, foi incentivada a participação de autoridades do Itamaraty na mídia escrita e, por fim, foi intensificado o papel desempenhado pela Fundação Alexandre de Gusmão (FUNAG), a qual busca aprofundar o diálogo com a comunidade brasileira de especialistas. Com a popularização da internet e a ampliação do acesso à informação pela população em geral, os distintos governos, cada vez mais, passaram a desenvolver políticas e ações de comunicação pública em meios digitais voltadas para dentro e fora do país.

Capítulo 5

Tendências

"Viver é perigoso", uma vez escreveu o escritor e diplomata brasileiro Guimarães Rosa. Essa constatação pode ser um bom começo para falarmos de como as tendências observadas nas tecnologias da informação geram impactos nas relações internacionais. Colocam para esse campo desafios e oportunidades, que podem se revelar sob, ao menos, duas faces: uma voltada, por exemplo, para o acirramento de conflitos, a desigualdade social e a disseminação de informações falsas; outra, relacionada a uma agenda mais construtiva, direcionada à promoção da paz mundial, ao diálogo diplomático e à celeridade da comunicação política internacional, entre outras ações.

Diante desse quadro, o recurso perverso aos meios de comunicação instantânea e global tem sido utilizado para catapultar movimentos políticos de extrema direita no mundo. Estes costumam difundir informações fraudulentas nas plataformas sociais e digitais (inclusive a *deep web*) junto às suas redes internacionais para avançar agendas eleitorais próprias.

No entanto, as mesmas tendências comunicacionais podem ganhar contornos favoráveis à agilização de respostas oficiais em momentos de crise, no combate a eventuais notícias falsas ou maliciosas e em uma administração de visibilidade mais eficiente pelos Estados junto à opinião pública. Também podemos pensar nos movimentos de letramento midiático que oferecem ferramentas de desvelamento dos mecanismos de construção da informação aos receptores das mensagens.

Nesse sentido, termos como *plataformas sociais* e *digitais*, *pós-verdade* e *fake news* passaram a fazer parte do cotidiano nos mais diferentes lugares do mundo e atraíram a atenção dos agentes internacionais. Isso porque os usos dessas tecnologias digitais afetaram dinâmicas sociais, econômicas e políticas nos níveis locais, regionais, nacionais e mundiais.

Esta última seção do livro busca, portanto, apresentar algumas tendências no campo da comunicação que vêm interferindo direta ou indiretamente nas dinâmicas da sociedade internacional.

O VÍRUS DA PÓS-VERDADE

A verdade está sob ataque. Mesmo que a verdade seja objeto de discussão, atualmente, os processos que podem nos levar a ela estão sendo corroídos. Segundo pesquisas,[8] as pessoas têm a predisposição de acreditar em informações que se alinham com suas crenças, mesmo que sejam falsas. Esse fenômeno é chamado de *viés de confirmação*. Quer dizer, há uma tendência de que, quando confrontadas com informações que contradizem suas visões de mundo, as pessoas, geralmente, não mudam suas opiniões.

Na era da comunicação de massa, esse fenômeno tomou formas surpreendentes. As instituições tradicionais de conhecimento perderam credibilidade. Muitas pessoas passaram a duvidar de cientistas e da ciência. Isso cria um ambiente confuso, onde afirmações parcialmente verdadeiras, majoritariamente ou completamente falsas são disseminadas, tornando difícil para os cidadãos discernirem sobre a veracidade dos fatos.[9] O mundo passou a conviver com uma enxurrada de notícias falsas. Podemos dizer que isso decorre de, pelo menos, três fatores principais: 1) a polarização política; 2) a ampliação do acesso à internet;

---

8 Para mais detalhes, ver D'Ancona (2018).

9 A discussão sobre a pós-verdade e a política pode ser mais bem detalhada em Farkas e Schou (2019).

e 3) o ceticismo generalizado em relação às instituições políticas e democráticas.

AS TECNOLOGIAS DA COMUNICAÇÃO, OS FORMATOS DE INFORMAÇÃO E SEUS IMPACTOS GLOBAIS

Antes do advento das redes sociais, a chamada mídia tradicional assumia papel dominante na formação da agenda de notícias e no relacionamento entre elites e público. O advento da internet e das redes sociais mudou esse cenário. Observa-se, assim, maior acessibilidade à informação, a personalização do consumo de notícias e o surgimento de "bolhas ideológicas". Essa transformação resultou em desafios para a mídia tradicional, que agora compete por atenção em um ambiente de informações fragmentadas e muitas vezes questionáveis.

A "elasticidade da realidade", na qual as opiniões públicas podem mudar rapidamente devido a preferências pessoais e políticas, gera desafios não apenas para a confiabilidade das informações como também para a participação cidadã. Os editoriais e as ações jornalísticas passaram a reagir às demandas imediatas da opinião pública. Essas mudanças afetam, simultaneamente, o público[10] e o

10 Aruguete, Calvo e Ventura (2021).

mercado de informação, reformulando conceitos, como o *agenda setting* e o *gatekeeping*. Pode-se pensar que, embora as mídias sociais tenham prometido uma informação mais acessível e imparcial, a hiperfragmentação da informação e a polarização política resultaram em desafios significativos para a mídia e para o público em geral. Assim, é importante ressaltar que, para entender como o ativismo digital está evoluindo, é fundamental considerar as mudanças na natureza da tecnologia e os fatores culturais, sociais e políticos que moldam a maneira como ela é compreendida e usada (Gerbaudo, 2017).

PLATAFORMIZAÇÃO

O fenômeno conhecido como plataformização refere-se ao uso das plataformas digitais para veiculação de informações e venda de produtos. Ele pode ser entendido quando se observa a ação de empresas como Amazon, Google, Facebook (Meta), Microsoft, Apple, Globo e Netflix, que passaram a desempenhar influente papel na criação do imaginário das pessoas. Os indivíduos, agindo nesses ambientes virtuais, produzem elementos visuais, como fotos e vídeos que, apropriados, passam a ser monetizados. Assim, você produz material que pode alimentar os ganhos da própria plataforma.

HÁ MAIS SOBRE *FAKE NEWS* DO QUE LHE É DITO: DA SÁTIRA AO CONTEÚDO FABRICADO

O termo *fake news* tem sido amplamente utilizado para descrever qualquer disseminação de informações deliberadamente falsas. À medida que o assunto ganha destaque nas discussões sociopolíticas, a necessidade de definir esse conceito se torna crucial. De acordo com Boarini e Ferrari (2020), *fake news* abrange uma gama de desinformações, incluindo a manipulação de dados corretos, uso incorreto de informações verídicas e a propagação de dados falsos. Santaella (2019), por sua vez, opta por traduzir o termo como "notícias falsas" e as define como narrativas, rumores, fofocas e boatos criados de forma intencional para enganar ou fornecer informações enganosas, com uma clara intenção de influenciar crenças e manipular pessoas por motivos políticos ocultos. Ela também observa que, embora o fenômeno não seja novo, as "notícias falsas" passaram por mudanças significativas em sua produção, disseminação e interpretação no cenário atual. Contudo, devemos ter cuidado, pois o termo *fake news* não descreve de modo suficiente o que ocorre com a informação, pois algumas delas nem podem ser classificadas como notícias. Para ajudar a entender essa confusão, o First Draft (2020) sistematizou sete tipos de desinformação:

- Conteúdo fabricado – Conteúdo feito para enganar e causar danos.
- Conteúdo manipulado – Informações ou imagens genuínas que, montadas, geram novo sentido.
- Conteúdo impostor – Fontes genuínas utilizadas para sugerir conteúdo falso e enganoso.
- Falso contexto – Conteúdo genuíno compartilhado fora do contexto original em conjunto com informações falsas.
- Falsa conexão – Manchetes, imagens ou legendas sem conexão total com o conteúdo da informação. São comuns nas notícias de "iscas para o clique" (click bait).
- Conteúdo enganoso – Informação fragmentada criando falso argumento geral.
- Paródia ou sátira – Apesar de não buscar causar danos, pode contribuir para entendimentos enganosos, pois algumas acabam perdendo a conexão com a mensagem original.

O ANTÍDOTO: LETRAMENTO MIDIÁTICO[11]

Mas qual a solução para o vírus da desinformação? Primeiro, temos de pensar que ela não é apenas o resultado de um acesso limitado à informação ou à educação formal.

---

11 Para maiores e melhores detalhes ver Santana (2022).

A desinformação é também uma estratégia política que afeta o funcionamento do sistema democrático e internacional. É preciso entender que o funcionamento da mídia e de suas interfaces ocorre em um espaço de produção de sentidos, sobre o qual incidem influências de fatores sociais e ideológicos.

A elaboração de notícias envolve estratégias discursivas que moldam a percepção da realidade. Compreender esse processo é essencial, pois o discurso da mídia impacta várias esferas da sociedade (política, econômica, jurídica, comportamental, entre outras). Ainda, traz consequências à credibilidade dos meios de comunicação e às relações de poder estabelecidas na sociedade. Nesse contexto, fica claro que é crucial compreender as diretrizes e o papel do letramento midiático, que pretende criar e desenvolver um conjunto de conhecimentos e habilidades para a participação dos indivíduos em uma sociedade saturada de mídia. Para Hobbs (1998), o letramento permite combater os efeitos negativos e o poder hegemônico dos meios de comunicação de massa por intermédio da explicitação da estrutura e da natureza das mensagens. Assim, propicia perceber a identidade, a voz e a subjetividade na criação e no consumo das mensagens dos meios de comunicação.

O *Center for Media Literacy* elenca cinco conceitos principais ou conceitos-chave para que se perceba o letramento midiático em sua prática: 1) as mensagens tem *Autoria*; 2) elas possuem *Formato* próprio utilizando-se regras próprias; 3) há *Audiência* variada para a mesma mensagem; 4) a mídia embute *Conteúdo* com valores e pontos de vista nas mensagens; e 5) há *Propósito* de poder na forma de se comunicar.

Este livro não terá espaço para aprofundarmos essa discussão, mas contra o vírus da desinformação, vacine-se com uma boa dose de precaução e busca de conhecimento.

Capítulo 6

Indicações fílmicas

O consenso fabricado (1992)

Documentário que apresenta as ideias de Noam Chomsky sobre o papel da mídia na sociedade moderna. O pensador estadunidense discute como a mídia de massa é usada para tentar criar um consenso social e controlar o grande público, moldando as informações. Nesses termos, o *consenso fabricado* seria o conjunto de técnicas de controle do público fazendo uso dos meios de comunicação. Esse conceito foi originalmente criado pelo jornalista Walter Lippmann nos anos 1920, que considerava que a tomada de decisões políticas deveria ser reservada a uma elite de "homens responsáveis". Noam Chomsky e Edward S. Herman incorporaram essa expressão em seu livro de 1988, *Manufacturing consent: the political economy of the mass media*, do qual deriva o documentário.

Muito além do Cidadão Kane (Reino Unido, 1993)

O documentário televisivo britânico foi dirigido por Simon Hartog e aborda as relações entre a mídia e o poder no Brasil, com foco na análise da figura proeminente de Roberto Marinho (jornalista e dono do Grupo Globo, falecido). Ele explora a posição dominante da Rede Globo na sociedade brasileira, examinando a influência do grupo, seu poder e suas relações políticas. Roberto Marinho é o principal alvo das críticas, sendo comparado a Charles Foster Kane, personagem do filme *Cidadão Kane* de Orson Welles, que foi inspirado na trajetória do magnata da comunicação William Randolph Hearst nos Estados Unidos. O documentário sugere que a Globo emprega técnicas de manipulação de notícias semelhantes às de Kane, buscando influenciar a opinião pública.

O quarto poder (Estados Unidos, 1997)

O enredo do filme se desenrola em Madeline, Califórnia, onde um repórter de televisão em decadência (Dustin Hoffman) cobre um evento trivial em um museu de história natural. Durante a cobertura, ele testemunha um ex-segurança demitido (John Travolta) pedir seu emprego de volta e, ao ser recusado, ameaça a diretora do museu com uma espingarda. Um disparo acidental fere um antigo colega de trabalho, levando o repórter a se comunicar secretamente com uma estagiária próxima. O ex-segurança, agora transformado em sequestrador com reféns, incluindo crianças, torna-se o foco da atenção nacional. O repórter convence o sequestrador a conceder uma entrevista exclusiva em troca de uma história que comoverá a opinião pública sobre sua situação de desemprego. Contudo, a manipulação dos eventos pela imprensa e a busca por altos salários e índices de audiência revelam como a verdade muitas vezes é negligenciada em favor da busca pelo sensacionalismo. O plano do repórter para se destacar e retornar a Nova York rapidamente sai de controle, mostrando a falta de ética e as distorções presentes no mundo midiático.

The century of the self (Reino Unido, 2002)
A série documental produzida por Adam Curtis examina a influência de figuras como Sigmund Freud, Anna Freud e Edward Bernays nas estratégias de controle utilizadas por empresas e governos. Concentrando-se nas táticas psicológicas de Bernays, um pioneiro em relações públicas e sobrinho de Freud, e destacando a oposição de Anna Freud às teorias de seu pai, a série questiona o impacto dessas abordagens no consumismo contemporâneo, na democracia representativa e na mercantilização. Curtis destaca

como essas táticas são empregadas no mundo dos negócios e da política para influenciar os desejos do público, desviando o processo político da racionalidade para apelar a impulsos primitivos.

***A revolução não será televisionada* (Irlanda, 2003)**

O documentário é fruto de uma feliz coincidência. Uma equipe de televisão irlandesa da *Raidió Teilifís Éireann*, inicialmente presente em Caracas (Venezuela) para filmar um documentário sobre o presidente Hugo Chávez, conseguiu captar a turbulência política no país, redirecionando seu enfoque para os eventos que resultaram na destituição e posterior retorno do líder venezuelano ao poder. Ficou evidente a manipulação jornalística como instrumento crucial nesses acontecimentos, naquilo que ficou conhecido como um "golpe midiático".

***Fahrenheit 9/11* (Estados Unidos, 2004)**

O documentário foi escrito, estrelado e dirigido pelo cineasta estadunidense Michael Moore. Aborda as causas e as consequências dos atentados de 11 de setembro de 2001 nos Estados Unidos, vinculando-os à posterior invasão do Iraque liderada pelos EUA e pela Grã-Bretanha. Uma das principais abordagens do documentário é tentar elucidar os vínculos entre as famílias do presidente George W. Bush e a de Osama bin Laden. Moore argumenta que o governo Bush instigou um clima de medo na população estadunidense por meio da mídia de massa. O filme também explora os esforços de antiterrorismo, alegando infiltrações de grupos pacifistas no governo e destacando eventos relacionados à assinatura do *USA PATRIOT Act*. *Fahrenheit 9/11* busca oferecer uma perspectiva crítica sobre os eventos que moldaram a política e a sociedade após os ataques de 11 de setembro.

Boa noite, boa sorte (Estados Unidos, 2005)
O filme retrata a década de 1950, auge da Guerra Fria entre EUA e URSS. No entanto, mantém sua relevância contemporânea ao destacar paralelos entre o Macarthismo e a "guerra contra o terrorismo" de George W. Bush. Dirigido por George Clooney, apresenta estética em preto e branco para alinhar-se à época retratada, utilizando autênticas imagens de arquivo do senador McCarthy para reforçar a autenticidade. A trama, centrada na equipe de Edward R. Murrow, evidencia a abordagem investigativa ao explorar todos os lados do caso envolvendo um membro da Força Aérea. Notavelmente, o filme destaca a reação de McCarthy ao obter direito de resposta no programa *See It Now*, reve-

lando um contra-ataque político que inclui ataques à vida pessoal dos membros da equipe e ao próprio Murrow, além da pressão exercida sobre os patrocinadores do programa.

Ao sul da fronteira **(Estados Unidos, 2009)**
O documentário dirigido por Oliver Stone trata de uma cobertura cinematográfica realizada em seis países da América do Sul e Cuba para compreender o surgimento de governos de orientação esquerdista na primeira década do século XXI. Entrevistas com líderes como Hugo Chávez, Cristina Kirchner, Evo Morales, Fernando Lugo, Rafael Correa, Raul Castro e Luiz Inácio Lula da Silva são utilizadas para destacar o contexto político. O filme aborda a influência da mídia norte-americana e as relações com os Estados Unidos e o Fundo Monetário Internacional, ressaltando a histórica imposição de políticas econômicas de livre mercado na região e sua ineficácia em mitigar a persistente desigualdade social latino-americana.

Arquitetos do poder **(Brasil, 2010)**
O documentário oferece uma visão abrangente das interações entre mídia e política no Brasil. Utilizando depoimentos e imagens de arquivo, narra a evolução da comunicação política no país, desde as campanhas dos ex-presidentes

Getúlio Vargas e Juscelino Kubitschek até o final do segundo mandato de Lula da Silva. Destaca eventos marcantes, como a eleição de 1989, para exemplificar o crescente impacto da comunicação na arena política, evidenciando também a complexa relação entre a mídia nacional e os escândalos que permeiam o cenário do poder.

O mercado de notícias (Brasil, 2014)
Documentário brasileiro baseado na peça clássica de Ben Jonson, *The Staple of News*, encenada pela primeira vez em 1626, foi escrito e dirigido por Jorge Furtado. Explora a relação entre a mídia e a democracia, oferecendo uma análise histórica da imprensa desde o século XVII até os dias atuais. Destaca o papel da imprensa na formação da opinião pública, evidenciando seus interesses políticos e econômicos. Apresenta depoimentos de treze jornalistas brasileiros experientes, abordando temas como a evolução da profissão, o impacto das novas mídias, como a internet, o futuro do jornalismo, e destacando o papel crucial da imprensa na cobertura política contemporânea no Brasil. Além disso, levanta questões sobre a credibilidade das notícias veiculadas pela mídia de massa, sugerindo que ela muitas vezes favorece os interesses de uma elite, e examina o surgimento de uma categoria de notícias voltada para o entretenimento.

Eis os delírios do mundo conectado (Bélgica, 2016)
Nesse documentário do renomado diretor alemão Werner Herzog, somos confrontados com a complexidade da internet e seu impacto em nossas vidas. O filme é estruturado em capítulos, destacando os primórdios da criação da internet pelos pioneiros da época e explorando como seu crescimento influenciou toda a humanidade. Herzog enfatiza uma aura quase sagrada no nascimento da internet, ressaltando as divergentes visões mesmo entre seus criadores. A narrativa destaca como a internet tem transformado significativamente a vida das pessoas, permeando aspectos como ciência, tecnologia e a redução das fronteiras interpessoais. No entanto, o diretor não hesita em mostrar o lado obscuro da internet, revelando seu potencial negativo.

Hyper normalisation (Reino Unido, 2016)
O documentário dirigido por Adam Curtis aborda a ascensão tecnocrática global, o declínio da política tradicional, o individualismo contemporâneo e o enfraquecimento das organizações trabalhistas. O diretor critica as utopias relacionadas à internet e às tentativas de estabelecer estabilidade política global. Por "estabilidade" entende-se um modelo de gerenciamento populacional por meio de computadores e redes informacionais, de modo a não perturbar

excessivamente o sistema financeiro e os lucros das empresas transnacionais. O documentário tece uma trama envolvendo Donald Trump (EUA), Vladimir Putin (Rússia), a família Assad (Síria) e Muammar al-Gaddafi (Líbia), em uma narrativa contínua e circular que se desenrola entre os Estados Unidos, o mundo árabe e a Rússia.

Democracia em vertigem **(Brasil, 2019)**
Documentário brasileiro dirigido por Petra Costa, o filme oferece uma visão dos bastidores do *impeachment* da presidente brasileira Dilma Rousseff, do julgamento de seu antecessor Lula da Silva, da eleição do candidato de extrema direita Jair Bolsonaro e da crise político-econômica subsequente no Brasil. Com acesso privilegiado a figuras-chave, como Dilma, Lula e Bolsonaro, a diretora entrelaça suas vivências pessoais com os acontecimentos políticos para narrar um momento crucial na história recente do Brasil. O documentário serve como uma advertência a todas as democracias em risco do mundo.

Privacidade hackeada **(Estados Unidos, 2019)**
O escândalo envolvendo a empresa de consultoria Cambridge Analytica e o Facebook é recontado por meio da história de um professor estadunidense. Ao perceber que

suas informações pessoais, junto com as de outras 240 milhões de pessoas, foram hackeadas para criar perfis políticos e influenciar as eleições estadunidenses de 2016, ele inicia uma jornada para levar o caso aos tribunais. A motivação reside no fato de que a lei daquele país não oferece proteção adequada para informações digitais, enquanto a lei britânica o faz. O documentário destaca as implicações legais, éticas e políticas desse incidente, revelando as lacunas nas regulamentações de privacidade e a necessidade de maior proteção dos dados pessoais online.

Nossa bandeira jamais será vermelha **(Brasil, 2019)**
O filme retrata a batalha de jornalistas independentes no Brasil que enfrentam o embargo informativo imposto por seis famílias que controlam o sistema de informação do país. No período entre 2013 e 2018, elas foram responsáveis por uma tentativa de manipulação em massa que corroeu a confiança da população na imprensa tradicional e impulsionou o país em direção à extrema direita. Ao analisar a influência da imprensa nos eventos sociopolíticos recentes, o filme busca responder à pergunta que intriga o mundo: quem é Jair Bolsonaro e como ele se tornou o presidente do sexto país mais populoso do mundo?

Referências

ARUGUETE, N.; CALVO, E.; VENTURA, T. News sharing, gatekeeping, and polarization: A study of the Bolsonaro election. *Digital Journalism*, v. 9, n. 1, pp. *1-23*, 2021.

BAUM, M. A.; POTTER, P. B. The relationships between mass media, public opinion, and foreign policy: Toward a theoretical synthesis. *Annu. Rev. Polit. Sci.*, v. 11, pp. 39-65, 2008.

BENNETT, W. L. Toward a theory of press-state. *Journal of Communication*, v. 40, n. 2, pp. 103-127, 1990.

BERTRAND, C.-J. *A deontologia das mídias*. Bauru: Edusc, 1999 p. 9.

BOARINI, M.; FERRARI, P. A desinformação é o parasita do século XXI. *Organicom, v. 17, n. 34, pp.* 37-47, 2020.

BURITY, C. R. T. *Diplomacia midiática no governo Lula*. Curitiba: Appris, 2015.

BURKE, P. *Uma história social da mídia*: de Gutenberg à internet. 2. ed. Rio de Janeiro: Jorge Zahar, 2006.

CASTELLS, M. *A sociedade em rede*: a era da informação: economia, sociedade e cultura. 8. ed. v. 1. São Paulo: Paz e Terra, 2019.

COHEN, B. C. *Press and foreign policy*. Princeton University Press, 1963.

COX, R. Social forces, states and world orders: beyond International Relations theory. *In:* KEOHANE, R. O. (ed.), *Neorealism and its critics*. New York: Columbia University Press, 1986.

D'ANCONA, M. *Pós-verdade*: a nova guerra contra os fatos em tempos de *fake news*. Barueri: Faro Editorial, 2018.

DEBORD, G. *Sociedade do espetáculo*. Rio de Janeiro: Contraponto, 1997.

DEWEY, J. *Public Opinion, by Walter Lippmann*. The New Republic, 3 may, 1922.

DEWEY, J. *Practical democracy*. The phantom public, by Walter Lippmann. The New Republic, 2 dec, 1925.

DEWEY, J. *The public and its problems*. Ohio: Swallow Press Books, 1954.

ENTMAN, R. M. Framing: Towards clarification of a fractured paradigm. *Journal of Communication*, v. 43, n. 4, pp. 51-58, 1993.

FARKAS, J.; SCHOU, J. *Post-truth, fake news and democracy*: Mapping the politics of falsehood. Routledge, 2019.

FIRST DRAFT. *Para entender a desordem informacional*, 2020. Disponível em: https://firstdraftnews.org/wp-content/uploads/2020/07/Information_Disorder_Digital_AW_PTBR.pdf?x76851. Acesso em: 27 out. 2023.

GERBAUDO, P. From cyber-autonomism to cyber-populism: An ideological history of digital activism. *Triple C: Communication, Capitalism & Critique*, v. 15, n. 2, pp. 477-489, 2017.

GILBOA, E. Diplomacy in the media age: three models of uses and effects. *Diplomacy & Statecraft*, v. 12, n. 2, pp. 1-28, 2001.

HERMAN, E. S.; CHOMSKY, N. *Manufacturing consent*: The political economy of the mass media. New York: Pantheon Books, 1988.

HOBBS, R. Media literacy. *In: Oxford Research Encyclopedia of Communication*, 1998. Disponível em: https://doi.org/10.1093/

LIPPMANN, W. *Opinião pública*. Petrópolis: Vozes, 2008.

LIPPMANN, W. *The phantom public*. New Brunswick: Transaction Publishers, 2011.

LIVINGSTON, S. Clarifying the CNN Effect: An examination of media effects according to type of military intervention. *Shorenstein Center Research Paper Series 1997. R-18*. Cambridge: Harvard University, Jun. 1997.

MALEK, A.; WIEGAND, K. E. News media and foreign policy: An integrated review. *In: News media and foreign relations: A multifaceted perspective*, pp. 3-27, 1997.

MARTINS, F. S. *Ciclo de Palestras*: Comunicação Social. Brasília: Presidência da República/Secretaria de Assuntos Estratégicos, Imprensa Nacional, 2010.

MILLER, D. B. *Media pressure on foreign policy*: The evolving theoretical framework. Palgrave Macmillan Series in International Political Communication. New York: Palgrave Macmillan, 2007.

MORIN, E. *Cultura de massas no Século XX* – Neurose e necrose. 11. ed. São Paulo: Forense Universitária, 2018.

MOWLANA, H. The media and foreign policy: a framework of analysis. *In: News Media & Foreign Relations*. Universidade de Michigan. Bloomsbury Academic, 1996.

NOGUEIRA, S. G.; BURITY, C. A construção da imagem do Brasil no exterior e a diplomacia midiática no Governo

Lula. *Política & Trabalho. Revista de Ciência Sociais*, v. 1, n. 41, pp. 375-397, 2015. Disponível em: https://periodicos.ufpb.br/index.php/politicaetrabalho/article/view/16781. Acesso em: 10 fev. 2015.

PIERANTI, O. P.; MARTINS, P. E. M. O Estado e a imprensa no Brasil: Uma análise da obra de Nelson Werneck Sodré. *Esboços: histórias em contextos globais*, v. 13, n. 15, pp. 215-229, 2006.

SANTAELLA, L. *A pós-verdade é verdadeira ou falsa?* Barueri: Estação das Letras e Cores, 2019.

SANTANA, E. Desinformação, letramento midiático e democracia no Brasil. *In:* MELO, F. R.; NOGUEIRA, S. G.; FERREIRA, T. S. H. (eds.). *Mídia, opinião pública e política internacional* [livro eletrônico]. Belo Horizonte, MG: Fafich/Selo PPGCOM/UFMG, 2022.

SEIB, P. *The Al Jazeera Effect*: How the new global media are reshaping world politics. Washington, D.C.: Potomac Books, 2008.

SEIB, P. *Real-time diplomacy*: Politics and power in the Social Media Era. New York: Palgrave Macmillan, 2012.

SILVA, D. R. John Dewey, Walter Lippmann e Robert E. Park: diálogos sobre públicos, opinião pública e a importância da imprensa. *Revista Fronteiras – Estudos Midiáticos*, v. 18, n. 1, pp. 57-68, 2016. Disponível em:

https://doi.org/10.4013/fem.2016.181.06. Acesso em: 20 jul. 2023.

SODRÉ, W. N. *História da imprensa no Brasil.* Rio de Janeiro: Civilização Brasileira, 1966.

XYDIS, S. G. The press in world politics and in the conduct of foreign policy. *Journal of International Affairs*, v. 10, n. 2, pp. 201, 1956.

Outros títulos da Série Relações Internacionais

Introdução às Relações Internacionais – Tatiana Vargas-Maia

África e suas relações internacionais – Sílvio Marcus de Souza Correa

GRÁFICA PAYM
Tel. [11] 4392-3344
paym@graficapaym.com.br